डॉक्टर के आने से पहले

भास्कर राव जोशी

राजपाल

1912-2012
100 वर्षों की
श्रेष्ठ प्रकाशन परम्परा
राजपाल

₹ 45

ISBN : 978-93-5064-320-4

DOCTOR KE AANE SE PEHLE by Bhaskar Rao Joshi

मुद्रक : के. एच. बी. ऑफसेट प्रोसेस, दिल्ली

राजपाल एण्ड सन्ज़

1590, मदरसा रोड, कश्मीरी गेट-दिल्ली-110006

फोनः 011-23869812, 23865483, फैक्सः 011-23867791

website : www.rajpalpublishing.com

e-mail : sales@rajpalpublishing.com

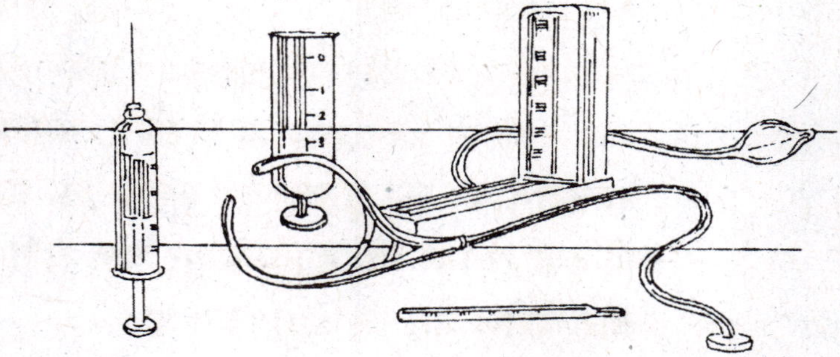

: 1 :

(आँगन में बैठी झुनिया आटा सान रही है। पीछे की ओर से धम-धम की आवाज़ के साथ एक चीख सुनाई देती है)

झुनिया : (हड़बड़ाकर) **हाय मैं मर गई! यह तो घंटी की चीख सुनाई देती है। उस मुई को सौ बार मना किया है कि सीढ़ियाँ न चढ़ा कर, पर माने तब ना। भगवान जाने सिर फूटा है या टाँग टूटी है!**

(परात को वहीं फेंककर पीछे की ओर जाती है। उसकी छह वर्ष की इकलौती लड़की 'घंटी' लहू से लथपथ बेहोश पड़ी है। उसे देखकर झुनिया छाती पीट लेती है।)

हाय राम! यह क्या गज़ब हो गया! (लड़की के ऊपर झुककर रोने-चिल्लाने लगती है। आस-पड़ोस की स्त्रियाँ और पुरुष रोना सुनकर भागे आते हैं और घंटी को चारों ओर से घेर लेते हैं।)

एक बुढ़िया : **अरी झुनिया, यह घबराने का समय नहीं। झटपट लड़की का खून बन्द करने का जतन**

करो। (झुनिया फिर भी पागल-सी रोती रहती है। यह देखकर बुढ़िया घंटी को अपनी गोद में उठा लेती है और अपनी लड़की की ओर देखकर) **जा री सोना, भागकर मातादीन वैद को बुला ला। कहना कि घंटी सीढ़ियों से गिर गई है। बाँह पर चोट लगी है और बेहोश है। जा, भागकर जा!**

: 2 :

(सोना के साथ मातादीन का प्रवेश)

मातादीन : (भीड़ को हटाते हुए) **आप लोग घंटी को बचाने आये हैं या मारने! इतने जमघट को देखकर तो भलाचंगा मनुष्य भी घबरा जाता है। एक**

तरफ हटकर बैठो और बीमार को खुली हवा लगने दो। (घंटी को देखकर) अरे यह तो बेसुध पड़ी है। (लोगों की ओर देखकर) खड़े होकर तमाशा क्या देख रहे हो? जाओ, एक आदमी पनवाड़ी की दुकान से सेर भर बर्फ ले आओ। और देखना, अगर बर्फ़ न मिले तो ठण्डा पानी ही लेते आना।

(दो-तीन आदमी भागकर बाज़ार जाते हैं।)

मातादीन : (झुनिया की ओर देखकर) बेटी, धीरज रखो, अधिक चोट नहीं आई। उठो और अन्दर जाकर साफ नर्म बिस्तर तैयार करो! मैं घंटी को उठाकर लाता हूँ।

(झुनिया चारपाई पर गद्दा बिछाकर उस पर एक स्वच्छ उजली चादर बिछाती है। मातादीन घंटी को लाकर बिस्तर पर सुला देते हैं। और घंटी के पाँवों पर एक गर्म कम्बल डालकर घंटी के तलवों को रगड़ते हैं। बाज़ार से बर्फ लेकर एक आदमी पहुँच जाता है।)

मातादीन : बेटी झुनिया, बीमार के पैरों को धीरे-धीरे रगड़कर गर्म करो, तब तक मैं उसके सिर पर बर्फ रखता हूँ। घबड़ाने की कोई बात नहीं। तुम्हारी बिटिया दस-पन्द्रह मिनटों में आँखें खोल देगी।

(झुनिया वैसा ही करती है। मातादीन एक कपड़े की चार

तह करके उसमें बर्फ लपेटकर घंटी के माथे पर रखते हैं, ताकि उसकी बेहोशी दूर हो जाए। बर्फ को बुढ़िया थाम लेती है। मातादीन एक शीशी से फूल किए हुए सुहागे की भस्म निकालकर कलाई की चोट पर लगाते हैं।)

झुनिया : **दादा! मेरी बेटी ठीक हो जाएगी न?**

मातादीन : **भगवान ने चाहा तो अभी दो-तीन मिनट में आँखें खोल देगी। खून को देखकर घबरा गई क्या? यह देखती हो न सुहागे की भस्म, यह घाव पर ऐसी चिपक जाएगी कि लहू की एक बूँद भी न निकल पाएगी। सुहागे की डली लेकर गरम तवे पर डालकर भून लो। जब उसकी खील बन जाए तो उसे पीसकर पुड़िया या शीशी में डालकर रख लो। यह सुहागा घर में बहुत काम आता है।**

झुनिया : **दादा! अभी लहू तो बन्द नहीं हुआ। मैं क्या करूँ!**

मातादीन : **यह ले, मैं अभी लहू बन्द किए देता हूँ।** (जिस कलाई पर चोट लगी थी उससे कुछ ऊपर बाँह पर कुछ कसकर एक पट्टी बाँधता है। एकदम लहू का निकलना कई गुना कम हो जाता है। घाव पर फिर सुहागा बुरकता है और उस पर एक रूई का फाहा रखकर पट्टी बाँध देता है।)

झुनिया : **दादा! यह तो आपने जादू कर दिया। अब तो लहू की एक बूँद भी नहीं निकल रही।**

मातादीन : **अब तो तुझे सहारा हो गया न। ईश्वर न**

करे, यदि फिर कभी ऐसी दुर्घटना हो जाए तो क्या स्वयं खून बन्द कर लेगी?

झुनिया : सोहागा तो छिड़क लूँगी लेकिन पट्टी बाँधने का हिसाब नहीं आता।

मातादीन : सीधा हिसाब है। जहाँ चोट लगे उससे कुछ ऊपर दिल की तरफ पट्टी बाँध देनी चाहिए। यदि ज़रूरत समझो तो थोड़ा-थोड़ा फासला छोड़कर दो पट्टियाँ बाँध दो और घाव पर बर्फ या ठण्डा पानी डालो। देखो, घंटी ने आँखें खोल दीं!

झुनिया : मेरी बिटिया! (घंटी को गोदी में उठाती है।)

मातादीन : (बीच में रोककर) घंटी को हिलाओ-डुलाओ नहीं। इससे लहू फिर बहने लगेगा। चोट वाले अंग को तो बिल्कुल नहीं हिलने देना चाहिए।

झुनिया : घंटी, दूध पियेगी!

मातादीन : झुनिया, तू क्यों इतनी उतावली हो रही है? दूध कहीं भागा तो नहीं जाता। देखती नहीं कि बड़ी कठिनाई से लहू बन्द हुआ है। दूध देने में लहू पतला होगा और फिर बहने लगेगा। अच्छा झुनिया, मैं अब जाता हूँ। घंटी को आराम से लिटाए रखना। यदि सो जाए तो बहुत अच्छा। दूध माँगे तो थोड़ा दो-दो घूँट देना।

(मातादीन और सब गाँववाले जाते हैं।)

: 3 :

(तीन घण्टे बाद, चार बजे शाम को घंटी आराम से सोई है। उसकी माँ झुनिया और पिता घंटी के सिरहाने बैठे पंखा झुला रहे हैं। मातादीन का प्रवेश।)

मातादीन : **सुनाओ बिटिया, घंटी का क्या हाल है?**

झुनिया : (खड़ी होकर, दोनों हाथ जोड़कर) **आपकी दया से घंटी को आराम है।**

मातादीन : **छोटी बच्ची थी। भगवान् ने हाथ रख लिया। कोई बड़ा होता तो इतने ऊँचे से गिरकर चटनी बन जाता।**

झुनिया : **दादा! घंटी की रीढ़ में मोच तो नहीं आई या टूटी तो नहीं?**

मातादीन : **यही बात तो समझाने चला आया हूँ। वैसे यदि हड्डी टूटती या हाथ में मोच आती तो यह बहुत चिल्लाती, इसके भयंकर दर्द होता। यह आराम से सो सकी, इससे लगता है ऐसा कुछ नहीं। पर अब तुम खटिया पर**

लिटाकर घंटी को डॉक्टर के पास ले चलो। वही देखभाल करके सब कुछ बताएगा।

झुनिया : दादा, क्या आप न देखेंगे?

मातादीन : बेटी, मैं डॉक्टर थोड़े ही हूँ। मैं तो डॉक्टर के पहुँचने से पहले मरीज़ को खतरे से निकालने के छोटे-मोटे उपाय जानता हूँ। पक्का इलाज तो डॉक्टर ही करेगा। यदि अधिक चोट होती तो घोड़ा भेजकर डॉक्टर को यहीं बुला लेते। किन्तु भगवान की कृपा है। बच्ची को खाट पर ले जाने में कोई हर्ज नहीं। मुझे आज्ञा दो, मैं चलता हूँ।

झुनिया : (भागकर भीतर जाती है। एक रूमाल में नारियल, बतासे और पाँच रुपये रखकर मातादीन के चरणों में रखती है।) दादा, छोटी-सी भेंट है, स्वीकार करें।

मातादीन : पैसे-अधेले का नाम मत ले। एक धर्मी मानुस ने मेरे छंगू को भी मौत के मुँह से बचाया था और उसने कौड़ी तक को छुआ नहीं। मैंने बदला चुकाने का हठ किया, तो वह बोले–'मुसीबत में लोगों के काम आओ, बस यही मेरा इनाम है।' उसी धर्मात्मा ने मुझे पाँच-सात तरकीबें बता दी थीं। उन्हीं तरकीबों के सहारे लोगों की छोटी-मोटी सेवा कर पाता हूँ।

झुनिया : दादा, छंगू को क्या हुआ था?

मातादीन : बेटी, पन्द्रह बरस की बात है। मेरे घर में आग लग गई थी। हम सब तो निकल आए, पर छंगू भीतर ही रह गया। मारे धुएँ के दम घुटता था। एक नौजवान को पता चला। वह जलती आग में कूद पड़ा और मेरे छंगू को कंधे पर उठाकर बाहर ले आया।

झुनिया : दादा, छंगू को आग से कोई हानि तो नहीं पहुँची थी?

मातादीन : उसके कपड़ों तक में आग लग चुकी थी पर अभी छंगू होश में था। बाहर आते ही वह आग से डरकर भागने लगा। नौजवान ने उसे पकड़ लिया और समझाया कि भागने से कपड़ों की आग भड़क जाएगी। उसने झटपट

छंगू को लिटाकर उस पर मिट्टी और रेत डाली। देखते ही देखते कपड़ों की आग बुझ गई, पर मारे जलन के छंगू तड़पने लगा।

झुनिया : किसी अंग के जलने पर क्या करना चाहिए?

मातादीन : जले हुए अंग को ठण्डे पानी में डुबो देना चाहिए या गीला आटा लपेट देना चाहिए उस पर मक्खन या नारियल का तेल भी चुपड़ा जाता है। उस नौजवान ने छंगू के जले हुए अंगों पर आलू पीस कर वहाँ पोत दिए। आलुओं ने हाथों और छाती पर तो अमृत का काम किया, क्योंकि ये स्थान कम जले थे। टाँगें बहुत जल गई थीं और उनमें बहुत पीड़ा हो रही थी। नौजवान ने उसकी टाँगों को दो कम्बलों से लपेट दिया और गर्म पानी की

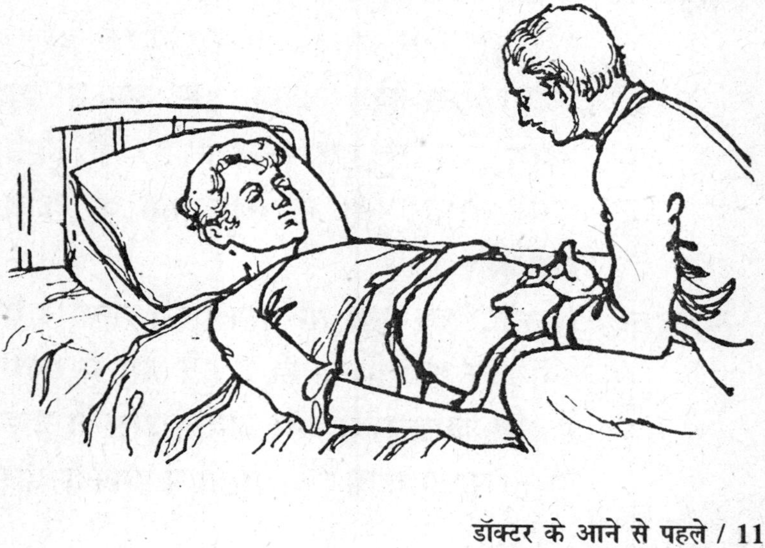

बोतलों से सेक करने लगा। उससे थोड़ी देर के लिए छंगू की चीखें बन्द हो गईं। नौजवान ने अपने हाथों से गर्म दूध छंगू को पिलाया।

झुनिया : फिर छंगू ठीक हो गया होगा?

मातादीन : नहीं, उसे ठीक होने में तो महीना-भर लग गया। नौजवान ने तो डॉक्टर के आने से पहले छंगू को आरज़ी तौर पर आराम दिलाने का यत्न किया था। यदि डॉक्टर के पहुँचने से पहले छंगू का इतना ज़रूरी इलाज न हो जाता तो उसका बचना कठिन था! डॉक्टर के आते-आते भी दो घण्टे लग गए। डॉक्टर के कहने पर हम छंगू को अस्पताल में ले गए।

झुनिया : दादा! आप तो उस भलेमानुस का उपकार नहीं भूले और लोगों की सेवा करके बदला चुकाते रहते हो। आपके इस उपकार का बदला मैं कैसे चुका सकती हूँ? मैं ठहरी गँवार औरत! मुझे भी कोई सेवा का काम बताओ।

मातादीन : झुनिया, सच पूछो तो घायल की तीमारदारी का काम औरतों का ही है। वे घरों में रहती हैं और बाल-बच्चों और आस-पड़ोस से उन्हें वास्ता पड़ता रहता है। औरतों में हमदर्दी और

स्नेह भी ज़्यादा होता है। वे घायलों की मदद पुरुषों की अपेक्षा अच्छी तरह कर सकती हैं।

झुनिया : **दादा! तो मुझे भी ज़रूरी इलाज कुछ बता दो न!**

मातादीन : **झुनिया, तू बदला चुकाने की बातों में घंटी को भूल ही गई। जाओ, अभी घंटी को डॉक्टर के पास भिजवा दो। फिर किसी दिन तुम्हें सब बातें बता दूँगा जिससे तुम भी लोगों के कष्ट को दूर करने में सहायक हो सको।**

(मातादीन घंटी को प्यार करके चले जाते हैं।)

: 4 :

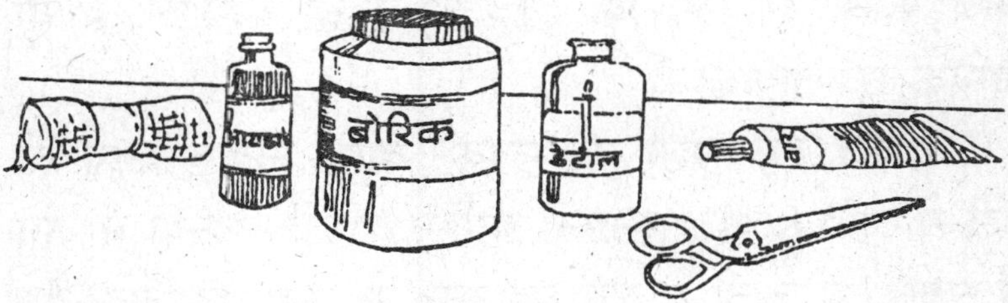

(झुनिया बैठी आटा सान रही है। घंटी झुनिया के कन्धों को हिलाकर बातें पूछ रही है। झुनिया हूँ-हूँ करती जाती है। मातादीन दादा का प्रवेश)

झुनिया : **घंटी, दादा को पालागन करो! इन्हींने तुझे ठीक किया है।**

मातादीन : बेटी, तूने नेकी करके कुएँ में डाल वाली बात सुनी है? मैंने तुम्हारी थोड़ी-सी सहायता कर दी तो क्या हुआ। आदमी ही तो आदमी के काम आता है। पर तू तो उसी बात को रटे जा रही है? क्या आटा सान चुकी? चल, आज तुझे चोट-चाट के विषय में उसी समय करने योग्य आवश्यक बातें बताऊँ। सुनो :

हड्डी टूटना

प्रायः बच्चे बार-बार गिरते हैं। किन्तु उनकी हड्डियाँ लचकीली होने से टूटती नहीं, ज़रा-सी चटककर मुड़ जाती हैं। ऐसी अवस्था में यदि कोई अनुभवी नाई या डॉक्टर पास ही मिल सके तो उसे शीघ्र बुला भेजना चाहिए। न मिले तो जाँच करके देख लो कि हड्डी का टूटना साधारण है या अधिक तकलीफदेह।

यदि हड्डी मांस को छेदकर बाहर निकल आए तो हड्डी में अधिक चोट समझनी चाहिए। ऐसी अवस्था में अंग में सूजन आ जाती है और वह काबू से बाहर हो जाता है। सबसे पहले लहू को बन्द करना चाहिए। यदि हड्डी जोड़ न सको तो फिर दोनों हड्डियों के सिरे मिलाकर मांस के भीतर अपनी जगह पर बिठाने का यत्न करो। क्योंकि हड्डी को बाहर की हवा लग जाने से उसके जल जाने तक की नौबत आ सकती है। उस पर टिंक्चर-आयोडीन लगाकर गर्म रूई

से ढक दो और पट्टी लपेट दो। किन्तु घायल को हिलाओ नहीं, उसके घाव को गर्म रखो।

'टिंक्चर ऑफ़ आयोडीन' एक सस्ती दवाई है। यह दवाई तो हर एक घर में सदा रहनी चाहिए। छोटे-बड़े सब प्रकार के घावों पर इसे लगा देने से घाव गलने-सड़ने से बच जाता है। किन्तु यह दवाई लगाकर सन्तोष न कर लेना चाहिए। डॉक्टर को शीघ्र बुलावा भेजो। इलाज में जितना विलम्ब अधिक होगा हड्डी ठीक होने में उतनी ही अधिक देर लगेगी। हो सके तो उसे फौरन पास के अस्पताल में ले जाओ। वहाँ सब तरह का प्रबन्ध होता है। कई बार चोट लगने से खून बहुत अधिक बह जाता है। सबसे पहले खून बहने से रोकना ज़रूरी है, खून नहीं रुकेगा तो रोगी कमज़ोर पड़ जाएगा और उसकी मौत भी हो सकती है। ऐसे रोगी को फौरन अस्पताल ले जाना ज़रूरी है।

हड्डी की चोट इतनी अधिक न हो तो जिस जगह सूजन या लाल चटाखें दिखाई दें तो वहाँ गर्म रेत का सेंक (टकोर) दो। इतने में दो चपटी लकड़ियाँ या गत्ते तैयार कर लो। बाँह या टाँग के घायल स्थान दोनों लकड़ियों के बीच रखकर ऊपर से पट्टी बाँध दो। यदि घायल को बहुत दर्द हो रहा हो तो उसके सारे शरीर को गर्म रखकर दर्द को कम करो। एक बात का विशेष ध्यान रखो कि रीढ़ और कूल्हे की हड्डी टूटने पर पट्टी बाँधने के अतिरिक्त और कुछ न करो और डॉक्टर को जल्दी बुलवा भेजो। हड्डी टूटने पर और

कुछ न कर सको तो कम से कम घायल को गर्मी और आराम अवश्य पहुँचाओ। इसके साथ-साथ डॉक्टर या अस्पताल का प्रबन्ध करो।

पानी में डूबने पर क्या करें?

प्रायः डूबने पर लोग बेहोश हो जाते हैं। उनके पेट में बहुत अधिक पानी भर जाता है। सबसे पहले उसे उल्टे घड़े पर पेट के बल लिटाकर हल्के झटके देने चाहिए। इस प्रकार पेट में भरा हुआ पानी मुँह के रास्ते निकल आएगा। फिर रोगी को पेट के बल लिटाकर बनावटी साँस चलाना चाहिए।

बनावटी साँस चलाने का ढंग यह है कि रोगी को पेट के बल लिटाकर अपने दोनों हाथों से उसकी कमर से आरम्भ करके गर्दन की ओर मसलो। दस-पन्द्रह मिनटों में उसकी साँस अपने आप चलने लगेगी। यदि इससे लाभ प्रतीत न हो तो रोगी की जीभ को दस-पन्द्रह बार अन्दर-बाहर

करो। साँस चलने लगे तो रोगी के सारे शरीर को अपनी हथेलियों से भली प्रकार रगड़ो।

मूर्च्छा–

अनेक बार व्यक्ति मूर्च्छित हो जाते हैं, उन्हें सुध-बुध नहीं रहती। इसके कई कारण हो सकते हैं। सबसे पहले यह पता लगाने का यत्न करना चाहिए कि मूर्च्छा का कारण क्या हो सकता है? यदि रोगी धूप से चलकर आया हो तो समझना चाहिए कि लू लग गई है। ऐसी अवस्था में रोगी के सारे शरीर को गर्म रखो और सिर को ठण्डक पहुँचाओ। हथेलियों से शरीर को रगड़ना सब प्रकार की मूर्च्छाओं में लाभदायक है। यदि मूर्च्छा का कोई कारण न दीख पड़े तो रोगी को कपूर सुँघावें। मुर्गे के पर को सुगन्धित पानी में भिगोकर रोगी के गले तक पहुँचाओ। इससे रोगी को कै होकर मूर्च्छा टूट जाएगी।

हैज़ा होने पर–

सबसे पहले हैज़े वाले रोगी को सबसे अलग कमरे में रखना चाहिए। उसकी बगल में गर्म पानी की बोतल से सेंक करना चाहिए। पेशाब बन्द हो जाए तो पंसारी से कलमी-सोडा मँगवाकर रोगी के पेट के नीचे के भाग जिसे पेड़ू कहते हैं पर पोत दें–पेशाब उतर आवेगा।

यदि हो सके तो डेढ़ तोला कपूर को पानी में घोलकर

पिला दो। यदि कपूर न मिले तो एक प्याज़ और पाँच-छह काली मिर्चें कूटकर रोगी को खिला दो। हो सके तो प्याज़ का रस निकालकर एक-दो घूंट एक-दो बार पिलाओ। कै और दस्त दोनों बन्द हो जाएँगे। रोगी को पीने के लिए पानी मत दो। अधिक प्यास लगे तो लौंग, सौंफ और पोदीने का रस पिला दो। अमृतधारा नामक दवा भी कारगर सिद्ध होती है। एक बात का ध्यान रखो कि रोगी के कै और दस्त को या तो जला दो या गड्ढ़े में गाड़ दो। खुला रहने से मक्खियों और दूषित वायु के कारण दूसरों को भी हैज़ा होने का भय रहता है। तुम्हें यह भी जान लेना चाहिए कि हैज़े से बचने के क्या उपाय हैं–खाने-पीने की चीज़ों को कभी खुला मत रखो क्योंकि मक्खियाँ और अन्य कीटाणु उसे खाने योग्य नहीं रहने देते। बाज़ार में रखी खुली चीज़ें या मिठाइयाँ और कटे हुए फल कभी नहीं खाने चाहिए। बाज़ार की चाट-पकौड़ी खाना भी हैज़े को निमन्त्रण देना है। गाँवों में अक्सर हैज़ा फैलता है, नगरों की झुग्गी-झोपड़ी वाली बस्तियों में भी प्रायः हैज़ा फैलता है। इसका कारण वहाँ की गन्दगी है जिससे मक्खियाँ खान-पान की चीज़ों को गन्दा कर देती हैं। हैज़े का एक कारण गन्दा और कच्चा पानी भी है। हैज़े के दिनों में तो पानी को उबाल कर ठण्डा करके पीना चाहिए। यह उपाय करने से हैज़े से बचा जा सकता है।

नकसीर–

नाक से खून चलने पर मरीज़ की पीठ को अपना या बिस्तर का सहारा देकर उसे बिठा दो और उसका सिर पीछे की ओर लुढ़का दो। उसके गले और छाती के सब कपड़ों को ढीला कर दो। मरीज़ को कहो कि मुँह खोलकर मुँह से साँस ले, नाक से नहीं। तब तक गर्म और ठण्डा पानी मंगवा लो। मरीज़ के हाथों और पाँवों को गर्म पानी से धोवो और सिर पर ठण्डे पानी की धार डालो। इस प्रकार प्रायः नकसीर बहनी बन्द हो जाती है।

ये उपाय करने पर भी यदि नाक से लहू आना बन्द न हो तो चिकनी मिट्टी आटे की तरह गूँधकर रोगी के सिर पर रखनी चाहिए। फिटकरी भूनकर उसकी बुकनी सुँघाओ। एकदम नकसीर बन्द हो जाएगी।

क़ै या उल्टी–

क़ै आने पर रोगी को पसीना आता है। ऐसी हालत में रोगी को फौरन कम्बल में लपेट दो क्योंकि कै के साथ शरीर में पसीना आने पर गर्म-सर्द होने का भय रहता है।

फिर सकोरे में साफ पीली मिट्टी भरकर उस पर पुदीना और कपूर रखो। उस पर पानी डालो, जो सुगन्धि निकलेगी वह रोगी को सुँघवाओ। चन्दन घिसकर उसमें शहद मिलाकर रोगी को चटाओ। चन्दन न मिल सके तो नीबू में नमक

और काली मिर्च लगाकर उसे अँगारों पर सेंककर रोगी को चटवाओ, कै बन्द हो जाएगी।

क़ै अनेक कारणों से आती है। क़ै के कारणों का पता लगाना भी ज़रूरी है।

पेट दर्द–

रोगी को सीधा लिटाकर गर्म पानी की बोतल से उसके पेट को सेंक दो। थोड़ी सी अजवाइन के साथ 2॥ तोला नमक गुनगुने पानी में मिलाकर पिला दो। नीबू, नमक और काली मिर्च चटाने से भी लाभ होता है। अमृतधारा भी लाभ पहुँचाता है।

पेचिश–

अधिक पेचिश होने पर रोगी कमज़ोर हो जाता है। अतः रोगी को चलने-फिरने मत दो। पाखाने के लिए उसके बिस्तर के पास ही कोई बर्तन रख दो। उसे ढककर रखो। दही के मट्ठे में नमक और जीरा डालकर खिलाओ। प्यास लगे तो अनार का रस थोड़ा-थोड़ा करके पिलाओ। नहीं तो ईसबगोल को पानी में घोलकर खिलाओ। दस्त बन्द हो जाएँगे। यदि रोगी चाहे तो उसे हींग और नमक लगाकर नींबू चाटने को दो।

पेशाब बन्द होना–

रोगी को आराम से लिटा दो। 1 तोला कलमी सोडा पेडू पर मलो। 1 तोला मिश्री, डेढ़ पाव पानी में औटाओ, आधा पानी रह जाए तो रोगी को पिला दो। यदि इससे भी पेशाब न उतरे तो एक टब में गुनगुना पानी डालकर उसमें रोगी को पन्द्रह मिनट तक बैठाओ। तुरन्त पेशाब उतर आएगा।

साँप के काटने पर–

झुनिया : दादा, कीड़े-पतंगे काटने की कोई चिकित्सा बता दो। गाँव में आए दिन किसी को साँप, बिच्छू, ततैया आदि काटते ही रहते हैं।

मातादीन : कीड़ों में सबसे भयंकर डंक साँप का है।

यदि शक हो कि साँप ने काटा है या नहीं, तो नीम की पत्ती खिलाकर देखना चाहिए। यदि साँप ने काटा होगा तो खाने वाले को वे मीठी लगेंगी यानी उनका कड़वापन महसूस न होगा नहीं तो कड़वी लगेगी। जब निश्चय हो जाए कि साँप ने कहाँ काटा है तो कटी हुई जगह से हृदय की ओर तीन-चार जगह कपड़े से कसकर बाँध दो ताकि विषैला लहू हृदय तक न पहुँचे। फिर किसी तेज़ चाकू को गर्म करके डंक वाले अंग को चौथाई इंच गहरा चीरकर लहू निकाल दो। यदिं सहन हो सके तो गर्म अँगारे से घाव को जला दो, नहीं तो आक का दूध घाव पर लगाते जाओ और नौसादर और चूना पीसकर रोगी को सुँघाओ।

साँप काटे हुए व्यक्ति को कभी सोने मत दो। उसे खड़ा रखो और उसकी आँखों में शीतल जल के छींटे देते रहो। थोड़ी ब्रांडी या गर्म चाय पिलाने से रोगी को नींद नहीं आएगी। घी और काली मिर्च पिलाना भी लाभदायक है। यह उपचार करते हुए रोगी को निश्चय दिलाते जाओ कि साँप विषैला नहीं था। इससे रोगी का उत्साह बढ़ेगा और विष अधिक प्रभाव नहीं दिखाएगा। यदि रोगी बेसुध हो गया हो तो उसे अस्पताल पहुँचाना चाहिए।

बिच्छू काटने पर–

जहाँ बिच्छू काटे उस जगह से हृदय की ओर दो जगह कसकर बाँध दो। साथ ही उस स्थान पर लाल दवाई या

'टिंक्चर आयोडीन' चुपड़ दें। ये दोनों न मिल सकें तो इमली का बीज भिगोकर उसके ऊपर का काला छिलका उतार डालो। सफेद भाग को थोड़ा घिसकर जहाँ बिच्छू ने काटा हो, लगा दो। बीज वहाँ चिपककर सारा विष चूस लेगा। सारा विष चूसकर बीज अपने-आप छूट जाएगा।

पागल कुत्ते के काटने पर–

पागल कुत्ते के काटने पर काटे हुए स्थान से थोड़ा ऊपर दो जगह कसकर बाँध दो। काटे हुए स्थान पर गर्म पानी में लाल दवाई मिलाकर डालते रहो, जिससे विषैला लहू बह जाएगा। थोड़े में गर्म पानी में दो छटाँक शहद और एक छटाँक नमक घोलकर रोगी को पिला भी दो। जब तक डॉक्टर की चिकित्सा आरम्भ न जो जाए, काटे हुए स्थान पर आक का दूध लगाते रहो।

पागल कुत्ते के काटने पर डॉक्टर से इन्जेक्शन लगवाने चाहिए। ऐसा करना आवश्यक है। अब ऐसा इन्जेक्शन भी निकल आया है कि एक इन्जेक्शन से ही लाभ हो जाता है परन्तु यह सब डॉक्टर के परामर्श से होना चाहिए।

काँटा निकालना–

काँटा निकालकर उस जगह को दबाकर कुछ बूँद लहू निकाल दें। यदि काँटा न निकल सके तो उस पर आक का दूध या गुड़ मिलाकर तम्बाकू बाँधने से काँटा बाहर की ओर

उभर आता है। तब उसे सूई से निकाल लेना चाहिए। सूई बरतने से पहले पानी में उबाल लेनी चाहिए ताकि वह साफ हो जाए।

झुनिया : दादा, सचमुच यदि डॉक्टर के पहुँचने से पूर्व रोगी की पहली ज़रूरी चिकित्सा कर दी जाए तो उसकी दशा बिगड़ने न पाएगी। ये बातें तो बहुत ही काम की हैं। मैं मुहल्ले-भर में स्त्रियों को यह सब बातें सिखा दूँगी।

मातादीन : यह न भूलना कि ये उपचार तो रोग को कुछ देर के लिए काबू में करने के हैं। इन उपचारों को आरम्भ करने से पहले ही एक आदमी को डॉक्टर या वैद्य के पास भेज देना चाहिए। अच्छा झुनिया, अब चलता हूँ। छंगू मेरी प्रतीक्षा कर रहा होगा।

(मातादीन चला जाता है।)

□□□